# 1880

—

# CATALOGUE

*1880*

# CATALOGUE

PRIX 50 : CENTIMES.

PARIS. — MORRIS PÈRE ET FILS, IMPRIMEURS BREVETÉS,
64, rue Amelot, 64.

# CATALOGUE

## DE LA

# 5<sup>ME</sup> EXPOSITION

## DE PEINTURE

PAR

*M<sup>me</sup> M. Bracquemond — M. Bracquemond*
*M. Caillebotte — M<sup>lle</sup> Cassatt — M. Degas*
*MM. Forain — Gauguin — Guillaumin*
*MM. Lebourg — Levert*
*M<sup>me</sup> Berthe Morisot — MM. Pissarro*
*Raffaëlli — Rouart — Tillot*
*Eug. Vidal — Vignon — Zandomeneghi.*

*Du 1<sup>er</sup> au 30 Avril 1880*

*De 10 heures à 6 heures*

10, RUE DES PYRAMIDES, 10

(A L'ANGLE DE LA RUE SAINT-HONORÉ)

*PARIS*

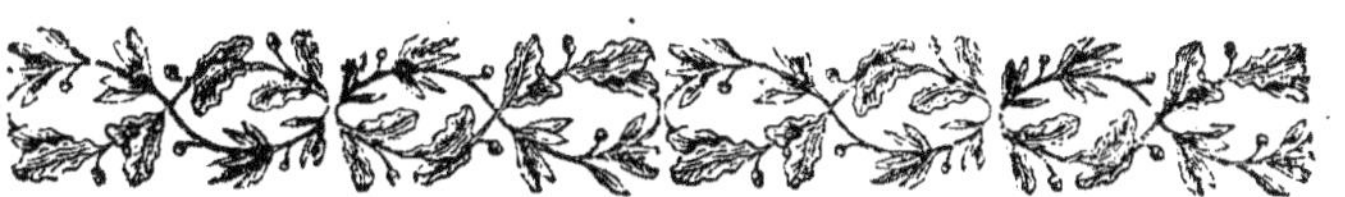

# DESIGNATION

## BRACQUEMOND (M<sup>me</sup> Marie)

13, rue de Brancas, à Sèvres.

1 — Portrait.
2 — L'Hirondelle.
3 — Étude d'après nature.

## BRACQUEMOND

13, rue de Brancas, à Sèvres.

4 — Portrait de M. Ed. de Goncourt.
5 — Eaux-fortes pour décoration de services
de faïence et de porcelaine.

## CAILLEBOTTE (Gustave)

31, boulevard Haussmann.

6 — Dans un café.

7 — Portrait de M. J. R.

8 — Portrait de M. G. C.

9 — Intérieur.

10 — Intérieur.

11 — Nature morte.

12 — Vue prise à travers un balcon.

13 — Vue de Paris, soleil.

14 — Portrait de M. C. D.   Pastel.

15 — Tête d'enfant.          id.

16 — Paysage.               id.

## CASSATT (Mlle Mary)

17 — Portrait de Mme J.

18 — Portrait de Mlle G.

19 — Portrait de Mlle H.

20 — Sur un balcon.

21 — Le thé.

22 — Au théâtre.

23 — Portrait de Mme C.

24 — Jeune Femme.

25 — Femme au théâtre. (Eau-forte. — Premier état, dernier état.)

26 — Femme lisant.     Eau-forte.

27 — Portrait d'enfant.     idem.     Premier et second état.

28 — Enfant en chapeau.     idem.

29 — Au coin du feu.     idem.

30 — Homme lisant.     idem.

31 — Le Soir.     idem.

32 — Portrait de Femme.     idem.

## DEGAS

19 *bis*, rue Fontaine Saint-Georges.

33 — Petites filles Spartiates provoquant des garçons (1860).

34 — Petite Danseuse de quatorze ans (statuette en cire).

35 — Portraits à la Bourse.
Appartient à M. E. M.

36 — Portrait.

37 — Portrait.

38 — Étude de loge au théâtre.     Pastel.

39 — Toilette.                  Pastel.

40 — Examen de danse.        idem.

Appartient à M. E. M.

41 — Danseuses.

Appartient à M. L.

42 — Dessins.

43 —  Idem.

44 — Eaux-fortes. Essais et états de planches.


# FORAIN (Jean-Louis)

56, rue Blanche.

45 — Actrice allant rentrer en scène.

Appartient à Mlle V. de M.

46 — Étude d'homme.

47 — Dessin.

48 — Idem.

49 — Idem.

50 — Idem.

51 — Idem.

52 — Idem.

53 — Eau-forte.

54 — Idem.

## GAUGUIN (Paul)

74, rue des Fourneaux.

55 — Les Pommiers de l'Hermitage (Seine-et-
  Oise.

56 — Les Maraîchers de Vaugirard.

57 — Effet de Neige.

58 — Nature morte.

59 — La sente du père Dupin.   (Seine-et-Oise.)

60 — Etude.

61 — Ferme Pontoise.

62 — Buste marbre.


## GUILLAUMIN (Armand)

73, rue de Buffon.

63 — Bords de la Marne.

64 — Port d'Austerlitz.
  Appartient à M. Perrinet.

65 — Port d'Austerlitz, effet de neige.

66 — Port d'Austerlitz, effet de neige.

67 — Quai de la Gare, effet de neige.

68 — Rue des Écoles à Fontenay-aux-Roses.

69 — Fontenay-aux-Roses.

70 — La Marne à Ivry.

Appartient à M. Bonnet.

71 — Portrait de M. A.

Appartient à M. Aguiar.

72 — Portrait de M. G.

73 — Paysage, printemps.

74 — Paysage à Fontenay.

75 — Fosse Basin à Fontenay.

76 — Collégien.

Appartient à M. Parard.

77 — Plaine de Châtillon.

78 — Plaine de Châtillon, automne.

79 — Carrière abandonnée.

80 — Pont-Marie.

81 — Mlle B. pastel.

Appartient à M<sup>me</sup> G.

82 — M. Martinez, pastel.

83 — Mme M., pastel.

84 — Mme G., pastel.

# LEBOURG (Albert)

3, rue Jouffroy.

85 — Marine, Rouen.

86 — Paysage, Normandie.

87 — Paysage, Normandie.

88 — Vue de Paris.

89 — Vue de Paris.

90 — Tente arabe.

91 — Intérieur d'une mosquée.

92 — Une cour de mosquée.

93 — Café maure.

94 — L'Amirauté, Alger.

95 — Dessin (Fusain.)

96 —    Id.    id.

97 —    Id.    id.

98 —    Id.    id.

99 —    Id.    id.

100 —    Id.    id.

101 —    Id.    id.

102 —    Id.    id.

103 —    Id.    id.

104 — Dessin (Fusain)


## L. LEVERT

. A Fontenay-sous-Bois.

105 — Bords de l'Ésonne.

106 — La ferme de Saint-Marc.

107 — Chaumières à Carteret.

108 — Plaine de Barbizon.

109 — Une plâtrière à Fontenay-sous-Bois.

110 — Plaine de la Brie.

111 —     Id.          id.

112 — Cadre d'eaux fortes.


## MORISOT (M^{me} Berthe)

113 — Été.

114 — Hiver.

115 — Femme à sa toilette.

116 — Le lac du bois de Boulogne.

117 — Paysage.

118 — L'avenue du Bois, effet de neige.

119 — Au jardin.

120 — Portrait.

121 — Tête de jeune fille.

122 — Paysage.

123 — Aquarelle.

124 —     id.

125 —     id.

126 —     id.

127 — Éventail.

## PISSARRO (Camille)

18, rue des Trois-Frères.

128 — Le scieur de bois.
Appartient à M. Gauguin.

129 — Jardin.

130 — Récolte des petits pois.

131 — Automne, chemin sous bois.

132 — Paysage, route d'Ennery.

133 — Récureuse de casserole.

134 — Jardin potager.

135 — Printemps.

136 — Gardeuse d'oies (Mayenne.) Peinture sur ciment.

137 — Paysage d'été.

138 — Éventail.



Eaux-fortes :

139 — Un cadre : Quatre états du paysage faisant partie de la première livraison de la publication « le Jour et la Nuit. »

140 — Un cadre : Trois états de la foire de la Saint-Martin.

— Un état, pointe sèche. Marchande de marrons.

141 — Un cadre : Un état, paysage, route et côteaux près Laroche-Guyon.

— Un état, effet de pluie.

— Un état, vache et figure.

— Un état, pointe sèche, côteaux de l'Hermitage, Pontoise.

142 — Un cadre : Trois états, paysage, masure. Deux états, paysage, arbres et coteaux.

143 — Un cadre : Un état, petit bois à l'Hermitage, Pontoise.

## RAFFAELLI (Jean-François)
19, rue de la Bibliothèque, Asnières, (Seine).

144 — Deux vieux.

145 — Profil d'enfant.

Appartient à M<sup>me</sup> Durand.

146 — Terrains remblayés de démolitions.

147 — Rôdeur de barrières, aquarelle.

148 — Salon d'attente d'un dentiste.

Appartient à **M. Levallois.**

149 — Jeune femme pensive après la lecture d'une lettre.

150 — Maire et Conseiller municipal.

Appartient à **M. Salomon.**

151 — Jeune femme hésitant avant d'entrer dans le bain.

152 — Homme tenant un sac à charbon (aquarelle.)

Appartient à **M. Doucet.**

153 — Le mouvement, dans la route d'Argenteuil (Pastel.)

154 — La route, hors les murs des fortifications,
par la neige.

Appartient à M. J. K. Huysmans.

155 — Tête d'Auvergnat (aquarelle et pastel.)

156 — Balayeur, paysage des environs de Nice.

Appartient à M. Taigny.

157 — Marchand d'habits sur la route d'Argenteuil (aquarelle et pastel.)

158 — Chiffonnier éreinté (aquarelle.)

159 — Tête de vieille femme (pastel.)

160 — Bonhomme tirant une brouette.

161 — Chiffonnier hors les murs (aquarelle.)

Appartient à M. E. May.

162 — Type de balayeur.

Appartient à M. Heilbuth.

163 — Type de chiffonnier.

Appartient à M. Heilbuth.

164 — Eaux-fortes et pointe sèche.

165 — Plaine couverte de neige (pastel.)

166 — Quatre eaux-fortes pour le livre (Croquis
naturalistes de J. K. Huysmans.

167 — États successifs d'une eau forte de mon
(Chiffonnier éreinté.)

168 — Par de la brume et du vent, étude à l'aquarelle.)

169 — L'allumeur de quinquets de Sorrente
(Italie.)
Appartient à M. S. T.

170 — Homme portant deux pains.

171 — Chiffonnière (aquarelle.)

172 — Balayeur souffrant du froid.
Appartient à M. Jules Claretie.

173 — La plaine de Gennevilliers.

174 — Type de cantonnier.

175 — Dessin de mon tableau (Maire et Conseiller
municipal.)
Appartient à M. Duranty.

176 — Du soleil sur la grande route.

177 — Un commissionnaire de Paris.
Appartient à M. Massé.

178 — Portrait.
Appartient à Mlle C. S.

179 — Anes et poules dans l'herbe (aquarelle.)

# RAFFAELLI (Jean-Marius)

4, rue de Ravignan.

180 — Six eaux fortes.


# ROUART (Henri)

35, rue de Lisbonne.

181 — Paysage.

182 — Melun.

183 — Etude.

184 — Belchenia (Pyrénées.)

185 — Venise (Aquarelle).

186 — Id. id.

187 — Id. id.

188 — Id. id.

189 — Id. id.

190 — Id. id.

191 — Id. id.

192 — Id. id.

## TILLOT (Charles)

42, rue Fontaine Saint-Georges.

193 — Falaises de Villers (marée basse).

194 — Vue prise des hauteurs d'Auberville (Villers-sur-mer).

195 — Plage de Villers.

196 — Eglise de Lavardin (Loir-et-Cher).

197 — Allée de forêt au printemps.

198 — Tête de jeune fille.

199 — Pivoines dans une corbeille.

200 — Pivoines et Iris dans un vase de Delft.

201 — Giroflées.

202 — Chrysanthèmes.

203 — Soucis et Chrysanthèmes.

204 — Un cadre d'études et esquisses.

205 —          id.                    id.

206 — Tête d'étude.

## VIDAL (Eugène)

44, rue de la Tour-d'Auvergne.

207. — Portrait de Georges Grand.

208. — Portrait de M. J. S.

209. — Dessin pour le portrait de M. Taillade.

210. — Portrait de M. Gaston B.

211. — Femme en blanc.

212. — Au café.

213. — Tête de fillette.

214. — Étude de femme.

215. — Portrait de M. S.


## VIGNON (Paul-Victor)

29, rue Saint-Georges.

216. — Effet de neige. Montesson.

217. — Rue à Clamart.

218. — Chemin dans les vignes, étude.

219. — Chemin près Carrières-Saint-Denis.

220. — Près les Gressets.

221. — La Seine, près la Grenouillère.

222. — Arbres fruitiers et maisons.

Appartiennent à M. Martin.

223. — Chemin vert, près Chatou.

224. — Carrières, près Chatou.

Appartiennent à M. Murat.


## ZANDOMENEGHI (Federico)

4, place d'Anvers.


225. — Mère et fille.

226. — Portrait de M. Lanciani.

227. — Portrait de M. Paul Alexis.

228. — Étude.

229. — Éventail.

230. -- Éventail.

231. — Éventail.

232. — Éventail.

80—1115 Paris. Morris père et fils, imp. brevetés, rue Anclot, 64.

80-1115 PARIS. IMPRIMERIE MORRIS PÈRE ET FILS

RUE AMELOT, 64.